ANSIEDAD

Manual personal para vencer la ansiedad, la depresión, los ataques de pánico y las fobias

(Ataques de pánico, fobias y depresión)

Haig Covas

Publicado Por Daniel Heath

© **Haig Covas**

Todos los derechos reservados

ISBN 978-1-989853-12-2

Este documento está orientado a proporcionar información exacta y confiable con respecto al tema y asunto que trata. La publicación se vende con la idea de que el editor no esté obligado a prestar contabilidad, permitida oficialmente, u otros servicios cualificados. Si se necesita asesoramiento, legal o profesional, debería solicitar a una persona con experiencia en la profesión.

Desde una Declaración de Principios aceptada y aprobada tanto por un comité de la American Bar Association (el Colegio de Abogados de Estados Unidos) como por un comité de editores y asociaciones.

TABLA DE CONTENIDO

Parte 1

Introducción

Felicidades por comprar Aliviando el Desorden de Ansiedad Generalizada. Una guía simple y adaptable para el alivio natural y auto dirigido del Desorden de Ansiedad Generalizada. Si compraste este libro, significa que sientes curiosidad sobre los síntomas, signos y cambios de estilo de vida que giran alrededor del Desorden de Ansiedad Generalizada. Quizá tengas duda de padecerlo, o quizá estas siendo recientemente diagnosticado y te encuentras en la búsqueda de material de cómo enfrentar la nueva dirección que está tomando tu vida. Si deseas aprender sobre los signos, estadísticas, síntomas y métodos naturales de aliviar la ansiedad generalizada de tu vida, entonces estas en el lugar correcto.

Primero que nada, comprende que no estás solo. Más de 6 millones de adultos que residen en los Estados Unidos, actualmente están diagnosticados con T.A.G., el cual se describe usualmente como una preocupación persistente y excesiva sobre las cosas a tu alrededor. Un sin número de cosas diferentes puede disparar un episodio de T.A.G., y para algunos la mera idea de enfrentar el día puede ser lo suficientemente abrumador para disparar episodios de reclusión y preocupación. Las personas que encuentran maneras de lidiar con el T.A.G., les parece demasiado difícil; algunas veces imposible, controlar sus preocupaciones, pudiendo preocuparse más de lo necesario sobre cosas que en realidad requieren que lo hagan.

Quienes luchan con este desorden, experimentan un nivel de ansiedad que incrementa a causa de dicha preocupación, y a veces pueden descubrirse a sí mismos preocupados sobre un "peor escenario", a pesar de que no existe evidencia substancial sobre la mesa que establezca la necesidad de dicha preocupación. Los individuos en la lucha con este desorden suelen también anticipar el desastremás que otros, y suelen encontrarse demasiado consternados y controladores sobre asuntos tales como el dinero, el trabajo y los dramas familiares.

T.A.G. usualmente se diagnostica de manera oficial cuando se ha probado, tras consultas médicas preestablecidas, que la preocupación que experimentan no solo es frecuente, sino difícil de controlar. Una vez que con ayuda del médico se ha establecido un patrón, se da el diagnóstico y se intenta la intervención con medicamentos.

Sin embargo, el uso de medicamentos no siempre se requiere para aliviar la preocupación excesiva y la ansiedad.

Dentro de las paredes de este texto encontraras varias estadísticas para ayudar a hacerte una imagen de que no estás solo, así como múltiples remedios naturales que puedes implementar para abatir tu ansiedad y preocupación. Al contrario de la creencia popular, la ansiedad puede ser curada cuando estos tipos de intervenciones se toman a largo plazo, y pueden incluso resultar en que aquellos diagnosticados con T.A.G., que fueron medicados, puedan dejar el medicamento y sus visitas al doctor disminuyan al mismo tiempo.

Las respuestas encontradas dentro de este libro, no solo te permitirán vivir una vida libre de la sacudida de tu ansiedad y preocupación, estas respuestas también te ayudarán a determinar cuándo presentes síntomas que deban ser vistos por un médico. Esta es una distinción importante; no obstante este libro no sugiere el uso de estas prácticas sin primero consultar a un médico. Existen muchas otras causas subyacentes que requieren ser consideras y probadas antes de dar un diagnóstico de T.A.G., y tu médico estará siempre actualizado sobre las técnicas que puedes usar para abatir y controlar tus preocupaciones y ansiedades.

La información encontrada dentro de este libro no solo te ayudará a encontrar formas alternativas de tratar la ansiedad, sino que también te ayudará a distinguir si requieres ver a un médico por la ansiedad y preocupación que experimentas. Este libro no es solo para quienes han sido diagnosticados; sino también es para aquellos que sienten que algo anda mal con sus experiencias de preocupación y ansiedad, pero aún no desean agendar una visita al médico.

Te puedo prometer que este libro no solo te dará algo en que pensar, te devolverá un trozo de tu vida. Ya sea en la forma de claridad para ganar la confianza para contactar al médico, o en forma de cambiar esas docenas de botellitas naranjas* llenas de píldoras, por algo más substancial y sustentable; este libro te ayudará a navegar esas áreas de tu vida para que encuentres la respuesta que buscas.

Por favor, si aún no has comprado este libro, te insto que lo hagas. Este libro no solo está lleno de sugerencias de autoayuda, sino de estadísticas e información que puede arrojar luz en la obscuridad de la jornada que atraviesas.

No esperes. Enciende esa linterna y mira a

tu alrededor. El T.A.G. y las situaciones que lo rodean pueden ser difíciles de enfrentar, y aún más difíciles de admitir si aún no cuentas con un diagnóstico oficial. Si acudir al médico te hace sentir ansioso, entonces comprende que ver a tu médico por esa ansiedad no es diferente de verlo por una infección o una gripa. La mente es tan importante como lo es el cuerpo, y los médicos tratan cada aspecto del cuerpo, no solo el físico. Su trabajo no es etiquetarte, sino ayudarte. Tu ansiedad produce síntomas físicos que deben ser evaluados, y no hay nada de malo en ello.

Este libro no solo te mostrará que no estás solo, también te mostrará cómo manejarlo por ti mismo, sin importar los medicamentos que quien sea intente meter en tu cuerpo.

*En los estados unidos las prescripciones médicas se entregan de forma personalizada en pequeñas botellas naranjas, a las que hace referencia el autor.

Capitulo Uno

Lo que el T.A.G. implica

Este libro te proveerá de consejos simples y prácticas para reducir drásticamente la ansiedad con la que estas batallando. Las sensaciones abrumadoras que superan al cuerpo cuando las preocupaciones y la ansiedad comienzan a atacar, pueden hacerte sentir que te ahogas en un océano, cuando en realidad te ahogas en un vaso de agua, y pueden hacer difícil sobrellevar un día cualquiera. Y para algunos, la mera idea de sobrellevar un día es suficiente peligro.

Sin embargo, hay muchas cosas que necesitan ser señaladas para dejar claro si el T.A.G.es algo de qué preocuparse, o existe otra causa subyacente para aquello que sientes y estas atravesando.

Las causas potenciales de T.A.G. son:

- Antecedentes familiares de ansiedad.
- Antecedentes familiares de otro tipo de desórdenes psicológicos.
- Exposición prolongada o reciente a eventos traumáticos o estresantes,

tales como tragedias familiares o incluso enfermedades.

- Abuso infantil.
- Uso excesivo de alcohol o tabaco, lo que puede exacerbar los síntomas de ansiedad.
- Abuso reciente y traumático.
- T.E.P.T.
- Abandono o sentimiento de abandono.
- Sufrir una pérdida mayor, como la muerte de un familiar o amigo cercano.

Esta es una lista exhaustiva de las causas y factores desencadenantes más comunes del T.A.G., esta lista no resume toda la red de cosas que pueden disparar este tipo de desórdenes basados en la ansiedad. Si no identificas ninguno de tus desencadenantes en la lista, eso no es determinante para decir que no sufres de Trastorno de Ansiedad Generalizada. Así que echemos un vistazo a la lista de síntomas que viene con esos episodios:

Los síntomas del T.A.G. incluyen:
- Dificultad para dormir.

- Dificultad para concentrarse
- Fatiga o agotamiento.
- Irritabilidad incontrolable.
- Dolores estomacales repetidos y/o sesiones de diarrea.
- Tensión muscular.
- Palmas sudorosas
- Temblores.
- Corazón acelerado.
- Estremecimiento de diferentes partes del cuerpo.
- Transpiración detrás del cuello.
- Boca seca.
- Inquietud.
- Percepción poco realista de los problemas.
- Problemas para permanecer dormido
- Ser sorprendido con facilidad.

De nuevo, esta lista de síntomas, aunque exhaustiva, ni siquiera empieza a considerar el total de los síntomas que experimentan las personas que lidian con ataques de preocupación, pánico y ansiedad. Es tan solo una recopilación de los síntomas más comunes que experimentan los individuos y los síntomas que los médicos han atestiguado con sus propios ojos.

Pero quizá compraste esta guía porque no estás seguro si has experimentado sesiones de preocupación excesiva o ansiedad. Quizá estás buscando a alguien a quien contarle exactamente lo que sucede cuando dichos ataquessuceden. Bueno, si es esto lo que buscas, llegaste al lugar correcto.

Cuando alguien experimenta un ataque de T.A.G, generalmente incluye:

- Ataque súbito de pánico abrumador.
- Sensación de perder el control o volverse loco.
- Sensación similar a la muerte.
- Elevación súbita del ritmo cardiaco.
- Hiperventilar.
- Sacudidas y temblores.
- Lágrimas involuntarias.
- Sensación de separación o de que el mundo no es real.
- Abrumadora sensación de terror.
- Bochornos.

- Nauseas o calambres estomacales.

Es importante tener siempre en mente que esta lista exhaustiva comprende las experiencias y síntomas más comunes durante un ataque de T.A.G. Ni siquiera alcanza a incluir todos los síntomas que hasta la fecha han experimentado las personas que viven esta clase de ataques. Y esto puede asustar de verdad, en especial si no comprendes lo que sucede. Pero el T.A.G. no solo se limita a los adultos; también le ocurre a los niños; en especial si se trata de un asunto de química cerebral.

Varios estudios nos han demostrado que existen ciertos genes en el A.D.N. humano, que hacen a las personas más propensas a desarrollar este tipode desorden y sus ramificaciones (como el T.E.P.T. y otros desórdenes de pánico), lo que significa que los niños son también propensos a ello.

Si te preocupan tus hijos, entonces hay que buscar esos signos potenciales que te mostrarán que tus hijos están en camino de desarrollar T.A.G.

- Perfeccionismo, que usualmente viene con exceso de autocrítica y un temor irracional a cometer errores.
- Identificarse con la creencia de que la mala suerte es contagiosa, y que les tocará tenerla de cualquier modo.
- La sensación generalizada de que cualquier desastre en la vida es su culpa y que son la causa de que las cosas se desmoronen (como la línea de pensamientos que tiene los niños durante un divorcio).
- La necesidad constante de afirmación y aprobación frecuente para mantenerse firmes en su propia autoconfianza.

Si tu hijo está desarrollando cualquiera de estos síntomas, entonces vale la pena tener una conversación con el médico acerca de este tema. Mientras más pronto pueda ser diagnosticado, más pronto podrás ayudarle a manejarlo.

Pero este estándar no solo funciona con los niños. Si eres un adulto y experimentas algo de lo enlistado arriba, entonces mientras antes sea diagnosticado mejor, para recibir ayuda al enfrentar esta realidad.

Hay muchas cosas que necesitan las personas que luchan con el T.A.G., pero la más importante es por mucho recibir apoyo. La interacción social con quien de verdad se interesa por ti cuando atraviesas por esto será el mayor apoyo que podrás obtener a tu fuerza, coraje y perseverancia. Del mismo modo, debes poder establecer una persona con la cuál poder hablar sobre estos episodios sin que te digan que vales menos, o que eres una carga... porque no es así.

Por tanto, es imperativo para algunas personas que enfrentan el T.A.G. se deshagan de algunas relaciones poco saludables que les rodean. Las relaciones poco saludables y el patrón que estas establecen no harán más que llevarte en picada en un mundo de preocupación y ansiedad innecesarias, debido a la inseguridad que tienes sobre dichas relaciones. Pregúntate lo siguiente: La persona con la que estas teniendo dicha relación ¿desaparece y aparece sin previo aviso, y te hace necesitar de su presencia? ¿Te prueba intencionalmente? ¿Te hace acusaciones para orillarte a la depresión con alguna especie indefinida de culpa? ¿Es demasiado pegajosa? Si algo de esto está presente en las relaciones que tienes con los demás, vale la pena considerar que tipo de atmósfera positiva traen a tu vida. Todos tienen sus defectos e imperfecciones, pero los que están luchando con el T.A.G. no pueden darse el lujo de permitir una relación poco saludable o toxica.

Si alguien que te importa cae en la categoría descrita anteriormente, estas preguntas te harán ver si está trayendo algo substancialmente positivo a tu vida; si no es así, es tiempo de dejarle ir. Esto te permitirá construir un sistema de soporte fuerte, lo que es vital para alguien que vive y lidia con el T.A.G. Los seres humanos somos por naturaleza creaturas sociales, y por ello los que enfrentan el T.A.G. también suelen batallar con cosas como el desorden de bipolaridad y depresión:

porque les aleja de hacer lo que su cuerpo está programado para hacer de manera natural. Los humanos no tienden a vivir aislados, pero el S.A.G puede hacer a las personas sentirse de ese modo. Si logras construir un sistema de soporte suficientemente fuerte, ayudará con los sentimientos de aislamiento y soledad, porque te habrás rodeado de personas que quieren sacarte adelante, y verte salir adelante.

Nunca subestimes el beneficio de rodearte de personas en las que verdaderamente puedes confiar. No solo te ayudarán a salir adelante en los momentos en los que más los necesites, también estarán para ti cuando sientas que estas por caer en espiral. Una vez que reconozcas los síntomas de sentirte sobrepasado, puedes hacer uso de este apoyo del cuál te has rodeado, quienes te apoyarán y guiarán en estos duros momentos de tu vida.

Ellos pueden ayudarte a hablarlo, para identificar los disparadores que comienzan la espiral en primer lugar. Esto te ayudará a establecer una lista de lo que debes evitar en tu vida, para no disparar los episodios. Cada episodio de ansiedad y preocupación, tiene un punto de origen que lleva tu mente a la obscuridad de un ataque, y algunas veces simplemente no podemos ver dicho punto de origen por nosotros mismos. Tener una red de apoyo de personas con quien hablar, puede ayudar a identificar estos puntos, para que puedan ser evitados, reduciendo con esto el número de episodios experimentados.

De cualquier forma, no te apresures a auto diagnosticarte. Visitar a un médico para que pueda llevar a cabo algunas pruebas es esencial para llegar al diagnóstico. Existen muchas otras cosas que causan ansiedad y problemas de pánico que no se asocian con un diagnóstico de T.A.G, y tu médico querrá realizar algunas pruebas que las eliminen.

Capítulo Dos

Ahora, Tu Revisión

Para que tu médico pueda oficialmente diagnosticar S.A.G., primero realizará toda clase de evaluaciones físicas generales. Buscaran signos que demuestren que la angustia y preocupación que se experimentan no se deban a alguna condición física o mental subyacente. Solicitan pruebas de sangre y orina, y quizá algunas otras si creen posible encontrar alguna otra condición que pudiera ocasionarlo. Te harán innumerables preguntas sobre tus antecedentes médicos personales y familiares así como sobre tus síntomas, por ello asegúrate de ser tan sincero con tu médico como sea posible. Esto le ayudará para poder determinar si es algo que pueda ser diagnosticado o se requieren aún más pruebas para determinarlo. Entonces, de ser necesario, el médico utilizará un cuestionario psicológico que le ayude a determinar el diagnóstico.

Muchos médicos utilizan el Manual de Estadísticas y Diagnóstico de Enfermedades Mentales para ayudarle en el diagnóstico individualizado. Esto no significa que no sepa por lo que estás pasando, ni tampoco que tu "estás loco". Si tu médico acude a todas estas opciones para ayudar con el diagnóstico, solo significa que está siendo lo suficientemente minucioso para eliminar cualquier otra opción que pueda estar causando los síntomas antes de dar un diagnóstico de T.A.G.

¿Por qué? Porque si un individuo es incorrectamente diagnosticado y se le da la medicación errónea, puede tener efectos secundarios no deseados que afecten el estilo de vida de la persona. Y no solo eso, también ayudará a probar a las compañías de seguros acerca de la situación médica subyacente para el paciente, y llevará a la mayoría de las aseguradoras a cubrir o reembolsar los tratamientos.

Pero no te alarmes si aún después de haber sido diagnosticado con el T.A.G., tu médico ordena un perfil de deficiencia vitamínica, ya que muchas vitaminas pueden ayudar a abatir los síntomas experimentados por los que enfrentan cada día este desorden.

Una vez que el individuo es diagnosticado con T.A.G., usualmente será referido a un psicólogo o psiquiatra. Esto no es de preocuparse, es una medida preventiva debido a que el T.A.G. usualmente se acompaña de otras afecciones mentales con las que se debe lidiar. Muchas personas que enfrentan el T.A.G. también luchan con depresión, pero otras cosas que pueden emerger debido al T.A.G. son fobias, T.E.P.T., otros desórdenes de pánico y sentimientos de desapego del mundo alrededor. Estos requieren ser atendidos por un profesional especializado.

Otra cosa que puede causar que aflore una ansiedad y preocupación de tal magnitud son las deficiencias de vitaminas. Si el cuerpo humano tiene deficiencia de complejo B, magnesio, vitamina D, triptófano y/o calcio, esto puede promover sentimientos de ansiedad y preocupación, ya que la escasez de estas vitaminas en el cuerpo causa un impacto inherente.

Por ejemplo, si el calcio es escaso en el cuerpo, el sistema nervioso sufrirá,ya que el calcio es una de las fuerzas más importantes detrás del balance del sistema nervioso. ¿En qué consiste? Uno de los más importantes trabajos del sistema nervioso es mantener en balance los impulsos químicos del cerebro que controlan los estados emocionales. Algunos síntomas físicos de la deficiencia de calcio imitan el desorden de pánico, como lo son los temblores, palpitación del corazón y estremecimiento de las extremidades.

Otro ejemplo: si el cuerpo se encuentra deficiente de complejo B, la persona puede empezar a experimentar que el sistema nervioso se ralentiza, lo que contribuye al agotamiento. Si dicho agotamiento cae en espiral, puede provocar paranoia inducida por fatiga, lo que bien puede ser tomado como ansiedad. Sin embargo, las vitaminas del complejo Bpueden ser también las que el médico recomendaría para una persona correctamente diagnosticada, debido a que está demostrado que ayuda de manera efectiva a controlar los impulsos obsesivos.

El magnesio es otra de esos minerales que el médico podría recomendar si la persona ha sido diagnosticada con T.A.G. Estudios científicos han demostrado que el magnesio puede ayudar a tratar los principales efectos secundarios de la depresión y ansiedad. La deficiencia de Magnesio es la más común en todo el mundo, debido a que es tan necesaria en miles de los procesos de comunicación y las funciones que realiza el cuerpo a lo largo del día; y, sin embargo, el 75% de los individuos sufren deficiencia del mismo. Aún si el médico no recomienda un aumento en tu consumo de magnesio, sugiero hables con él al respecto.

El triptófano, ya mencionado antes, es el primer aminoácido recomendado en tiendas cuando se trata de regular y ayudar con el estrés y la ansiedad. Cuando este importante aminoácido es ingerido, atraviesa por diferentes estados antes de alcanzar su estado final.... que resulta ser la serotonina. Si no sabes lo que es esto, se trata de la "hormona de la felicidad" la cuál suele estar en desequilibrio en el cuerpo cuando la persona sufre de ansiedad, depresión o preocupación. Y no solo eso: la serotonina ayuda a regular el sueño, el ánimo y el apetito. Cuando es escaza, es difícil conciliar el sueño y el humor será cambiante; el apetito puede desaparecer o aún elevarse estrepitosamente. Esta es una de las deficiencias que los médicos buscarán primero cuando realizan un perfil de deficiencia vitamínica por sus notorias consecuencias si su presencia es escaza en el cuerpo.

No te alarmes si tu médico te pide que compres vitaminas para llenar estos huecos antes de continuar con más exámenes. A veces el diagnóstico de T.A.G. requiere de eliminar otros caminos, no está solo intentando deshacerse de ti o ignorando tus inquietudes. Solo está tomando el control de la situación un paso a la vez para asegurarse de que el diagnóstico es correcto, antes de sentarse contigo a definir cuál es el mejor camino para ti para enfrentar la situación.

Si la idea de ir al médico te hace sentir pánico, hay algunas cosas que puedes hacer para prepararte para tu cita. No podrás obtener un diagnóstico preciso sin antes enfrentar algunas citas, pero hay algunas cosas que puedes formular por ti mismo para sentirte menos cegado con lo que está ocurriendo.

Lo primero es hacer listas. Escribe los síntomas que experimentas, tus disparadores(si los has identificado), cada problema de salud que padeces, cada medicamento que consumes, los miembros de tu familia que han atravesado por situaciones similares y cualquier pregunta que tengas para tu médico. Eso te ayudará a mantener el control de tu cita y a dar a tu médico la más acertada y valiosa información que te es posible para que pueda apoyarte durante este viaje.

Si no tienes preguntas por hacer, aquí

hay algunas buenas ideas que te pueden ayudar a empezar:

- ¿Qué exámenes tendrán que hacerme?
- ¿Cuáles son las opciones que podrían estar causando mis síntomas?
- ¿Algún material impreso que pueda llevarme para leer?
- ¿Necesitaré tomar medicamentos? ¿Existen otros caminos aparte de los medicamentos?
- ¿Será necesario acudir a un psicólogo o psiquiatra?
- ¿Mis antecedentes familiares tienen que ver con esto?

Este tipo de preguntas no solo te permitirán obtener información precisa según sea el caso, también le demuestran al médico qué es lo más importante para ti en medio de este proceso. Lo que preguntes es igual de importante que lo que no preguntes. Si no vas preparado, la cita puede resultar dispersa, sin foco, y el médico podría asumir que las cosas no son tan serias como tú le dices que son.

Esta lista te ayudará a permanecer en el tema de lo que sientes, lo que dispara estos sentimientos, y puede darle al médico una vista cercana de lo que tus episodios son, y le ayudará a aterrizar posibles diagnósticos y causas mucho más fácilmente.

Una vez que tu médico general lleve a cabo los exámenes correspondientes, haya tomado el caso paso a paso, eliminado otras causas posibles para tu ansiedad, y evaluado tu historial familiar, es tiempo para hablar del tratamiento. Desafortunadamente, muchos médicos utilizan, por defecto, las píldoras y antidepresivos para ayudar a enfrentar este desorden, pero los medicamentos usualmente pueden causar graves efectos secundarios que afectan el estilo de vida de la persona aún más al ralentizar su ritmo. Algunos podrán recomendar un camino llamado psicoterapia, donde la medicación es determinada por un psiquiatra, quien se sienta contigo frecuentemente y habla acerca de tu vida, tu estado mental actual y tu pasado.

Sin embargo, la ansiedad puede ser manejada de manera personal con algunos consejos fáciles de seguir que se engloban en el siguiente capítulo. Desde el incremento en el consumo de agua hasta caminatas diarias, estos consejos son acciones naturales que pueden ser controladas por el individuo, y en algunos casos ese elemento de control ayuda a abatir los síntomas de ansiedad y preocupación en primer lugar. Ten en mente que existe una multitud de cosas que un individuo puede hacer para vencer a la ansiedad y disipar los episodios de depresión, pero los consejos que encontrarás a continuación están respaldados por estudios científicos supervisados por los ojos de un buen número de prominentes e inteligentes investigadores y médicos.

Capítulo Tres

¿Así que tienes T.A.G.?

- Rango de prevalencia de 3 a 8%
- La proporción de mujeres a hombres con el síndrome es alrededor de 2 a 1
- 50 a 90 por ciento de los pacientes con Ansiedad Generalizada presentan otro desorden mental.

Cuando se trata de manejar la ansiedad, hay dos formas básicas de tratamiento usadas por los médicos: la psicoterapia y la medicación. 19 millones de adultos en los Estados Unidos sufren en soledad con algún tipo de diagnóstico de desorden de ansiedad, y la medicación ha opacado la habilidad de buscar otras opciones de ayuda, o incluso de implementar tácticas que el paciente pueda manejar y ajustar a sus propias necesidades.

Prescribir medicamentos puede ser el camino más fácil para tratar cualquier desorden de ansiedad, pero estos vienen con una multitud de efectos colaterales.

Algunos medicamentos que tratan el desorden de ansiedad tienen los más altos rangos de dependencia en el mercado, y los sedantes han demostrado ser los más adictivos. Así, algunos de los efectos colaterales de los antidepresivos que el médico puede prescribir son el aumento de peso, disminución de la libido, y descontrol estomacal.

Estos son el tipo de efectos colaterales que preocupan a las personas con T.A.G en primer lugar, y por ello es que en ocasiones dichos medicamentos terminan haciendo más daño que bien en el largo plazo, aunque a corto plazo, las consecuencias serán lidiar con los problemas que vienen con el desorden de ansiedad. Se han llevado a cabo numerosos estudios de investigación que nos demuestran que las píldoras por si mismas no son suficientes para un tratamiento a largo plazo para los que se enfrentan con algún desorden de ansiedad, y que debiera ya sea combinarse con psicoterapia, ingesta de vitaminas u otras tácticas que el paciente puede implementar en casa.

Desde el mundo de la psicoterapia existen dos caminos utilizados por los expertos: Terapia Cognitiva y Terapia Conductual. En el escenario de una terapia cognitiva, el terapista ayuda al paciente a adaptar los pensamientos disparadores a otros que sean más aptos. Por ejemplo, la terapia puede aflorar el hecho de que un cuarto abarrotado es un disparador para el paciente. El terapista creará un acercamiento a dicho escenario mostrando un mecanismo que el paciente podrá poner en práctica cuando lo enfrente en la vida real, con la finalidad de mantener a raya la sensación de pánico. Pero en la terapia conductual, el terapista ayuda al paciente a combatir los comportamientos indeseables que giran en su cabeza debido a la ansiedad. Por ejemplo, el terapista guiará al paciente en técnicas de relajación y respiración profunda que pueda utilizar cuando empiece a presentar hiperventilación o temblores como resultado de un estado de pánico ya en proceso.

Una de las mejores cosas que puede tener un paciente con T.A.G. es un fuerte sistema de soporte. Por ello antes señalamos la importancia de deshacerse de las relaciones toxicas en su vida. Las personas con las que te rodeas siempre afectarán tu manera de ver el mundo, lo que opinas de la vida y cómo te sientes sobre ti mismo. Si estas rodeado de personas que tienen una actitud positiva ante la vida, te ayudará a mirarla del mismo modo. Si, por otro lado, eres constantemente bombardeado por individuos que solo ven las desventajas de la vida, desestimando las ventajas, lo encontrarás como un gran peso en tus hombros. Esto incluso podrá disparar eventos de ansiedad más frecuentes.

Muy aparte de lo anterior, existen otras cosas que un individuo puede hacer que ayudarán a enfrentar el T.A.G. a largo plazo. Una de ellas es apegarte a tu tratamiento. Al principio, se intentarán una serie de opciones en la búsqueda de la mejor combinación para ti. Cuando hayas encontrado esa combinación de oro, apégate a ella. Mantén tus citas de terapia si son parte del plan, y comprende la importancia de ser consistente. Cuando alguien está intentando perder peso y comienza una nueva dieta ¿funcionará si solo la sigue por dos o tres meses y enseguida abandona? ¿Qué sucedería entonces?

Bueno, si acaso perdió algo de peso, por lo general lo ganaran de nuevo. Es la definición de efecto rebote.

No rebotes tu desorden de ansiedad. Si te toma cuatro meses encontrar tu combinación de oro, pero solo te apegas a ella durante un mes, en cuanto vuelvas a los viejos hábitos revertirás todos los progresos que has tenido. Esto deteriora tu salud mental, y desde luego puede empeorar los ataques de pánico y ansiedad, dependiendo de cómo elijas enfrentar dicho escenario.

Otra cosa que ayuda a muchos individuos es unirse a un grupo de apoyo. En grupos como estos, al igual que con cualquier otro grupo, puedes encontrar compasión y comprensión para lo que estas atravesando. Las personas compartirán historias similares que podrán ayudarte a tranquilizar tu mente, al comprender que no estás solo en esta lucha, y podrás encontrar personas en las que puedas confiar, trayendo con esto muchos beneficios a tu vida. Si estar en una multitud coincide en ser uno de tus disparadores, comenzar con un grupo pequeño como estos puede incluso ser un mecanismo de ayuda; puedes socializar con aquellos que te comprenden, sin necesidad de rodearte por completo de gente que no conoces.

Algo increíblemente importante para este proceso es la idea de romper el ciclo. El gran riesgo de las personas que sufren de ansiedad es que se estancan en sus rutinas, y son esas rutinas las que incorporan disparadores de ansiedad a su vida. Por ello es imperativo buscar la forma de romper esos ciclos. Si comienzas a sentir ansiedad, detente y piensa que es lo que acaba de pasar. Si es difícil pensar, sal por un momento a una caminata. Toma algunas respiraciones profundas y respira aire fresco. Algunas ocasiones, el solo estar encerrado en una habitación puede inducir ansiedad. Si no rompes el ciclo en el que has caído, quizá nunca logres identificar los disparadores y aquello de lo que requieres alearte.

Romper el ciclo te ayudará a identificarlos, lo que por consecuencia ayudará a controlar el T.A.G. a largo plazo.

Otro punto que la mayoría de la gente no disfruta es la socialización. El mayor disparador del 15% de los adultos que enfrentan a nivel mundial desórdenes de ansiedad es la idea de socializar. Y para muchos, es comprensible debido a alguna experiencia por la que atravesaron. Es por ello que promover pequeños momentos de socialización es imperativo. Para una mente ansiosa, permanecer encerrado y solo puede deteriorar su salud, a pesar de que el individuo crea que solo se está manteniendo apartado de sus disparadores. Algunos pueden llegar al punto de romper lazos con sus amigos y familiares. Ahora, si rompiste con esos lazos porque no son saludables para ti, entonces te felicito y te invito a perseverar y ser fuerte. Pero si rompes con estos lazos para intentar evitar el disparador de la socialización, entonces este no es el mejor curso de acción. Estas personas a las que amas pueden ser aquellos en los que te apoyes y busques soporte y a quienes podrás acudir cuando necesites hablar, y aislarte solo será un agravante de la situación.

Si la socialización es un disparador, entonces encuentra la manera de evitar áreas de mayor tráfico de personas: ve al supermercado temprano por la mañana o muy tarde por la noche para evitar multitudes; toma tu hora de lunch una hora después que los demás para evitar la hora pico, viaja a media semana en lugar de en fin de semana para evitar tráfico que te provoque ansiedad. Eso te mantendrá en contacto con gente sin hacerte sentir inmerso entre la gente, y puede ser un escalón para lidiar con ello sin retirarte por completo.

Sin embargo, lo más importante que jamás harás es simplemente tomar acción. Habla con tu médico en lugar de solo escribirle para que te de indicaciones, mantén un diario de tus emociones, ataques y disparadores para poner al tanto a tu médico con precisión. Si tomas medicamento, lleva la cuenta de los efectos colaterales para que tu médico pueda hacer los ajustes necesarios. Encuentra a alguien que te comprenda y con quién cotejar esta información. Ser proactivo sobre el T.A.G. ayudará mucho con el manejo a largo plazo, y puede mejorar mucho la calidad de vida que tendrás aun viviendo con el desorden de ansiedad.

Pero estas no son las únicas cosas que puedes implementar para ayudarte en el trayecto de lidiar con T.A.G. Hay muchas cosas que puedes hacer desde la comodidad de tu casa que no solo ayudarán a largo plazo, sino que te dan opciones para encontrar el mejor balance para ti. Ten en mente que tu médico deberá saber siempre que clase de técnicas estas implementando. La siguiente lista de consejos te ayudará a manejar la ansiedad de manera natural.

ENFOCATE EN TI MISMO

Por ejemplo, si disfrutas de la repostería, entonces hazlo como mecanismo para manejar los primeros síntomas de ansiedad. Si existe un deporte que disfrutes, únete a un equipo y juega. Reemplaza los pensamientos ansiosos con pensamientos y actividades de lo que amas hacer, esto te apartará de un ataque de pánico inducido.

Busca pequeñas victorias y celebralas

Por ejemplo, si es el primer día sin vivir un ataque, ¡celébralo! Compra un poco de tu helado favorito, o prepara tu cena favorita. Si es tu primera salida social sin entrar en pánico, ¡Celébralo! Estos pequeños logros no solo merecen celebrarse: la celebración en sí estará mejorando tu calidad de vida.

Participa en actividades de humor

Ve una película cómica, ve a ver un stand-up. El humor y la risa promueven naturalmente la producción de serotonina, la cual no solo ayuda al cuerpo a sentirse bien, sino que produce una sensación de tranquilidad.

Come saludablemente

Existen muchos alimentos que se obtienen con facilidad que pueden promover el tener bajos niveles de ansiedad. Cosas como los espárragos, las naranjas, las almendras, moras, aguacate, el salmón y las espinacas tienen altos contenidos de algunos nutrientes como ácido fólico y folatos, que son dos minerales imperativos para controlar la ansiedad. Puedes encontrarlos en cualquier supermercado, y vale la pena incluirlos en tu dieta diaria para apoyarte con el control de la ansiedad y el pánico.

Por otro lado, existen alimentos que promueven estados de ansiedad, como la cafeína, alto consumo de azúcar, el alcohol y las carnes altamente procesadas, como las salchichas. Estas últimas no solo promueven los ataques de ansiedad y pánico, sino que los hacen peores.

Sal y presta una mano amiga

Siempre que inviertas algo de tu tiempo en alguna obra de caridad u ofrezcas voluntariado en cualquier parte, ayudar a aquellos que no pueden ayudarse por sí mismos, te dará un sentido de propósito que puede aliviar la ansiedad y los pensamientos estresantes.

¡DUERME!

La privación del sueño puede causar una caída del metabolismo, lo que puede resultar en aumento de peso y destruir el sistema inmune, y puede incrementar las posibilidades de un evento cardiaco. No solo eso, el agotamiento que viene de la falta de sueño puede producir sentimientos de paranoia que disparen ataque de ansiedad. Una buena noche de sueño no solo le permite al cuerpo tiempo para repararse a sí mismo del desgaste del día anterior, también le permite al cerebro regular sus propias reacciones químicas. Dormir suficiente evitará episodios de pánico inducido.

BEBE AL MENOS 1.5 L DE AGUA POR DÍA.

El agua no solo ayuda a eliminar las toxinas del cuerpo, ayuda al cuerpo a hidratarse. El cerebro requiere una cantidad substancial de agua para operar diariamente, y si presentas cualquier nivel de deshidratación, corres el riesgo de romper el balance químico de tu cuerpo e inhibir sus reacciones. Y no solo eso: la deshidratación puede dañar permanentemente tusórganos internos. Si quieres que tu cuerpo sea tan saludable como puede ser, debes atender todas las facetas de tu salud. Mantente hidratado para mantener el balance de los procesos químico y hormonal, así como para eliminar de tu cuerpo las toxinas dañinas que promueven los estados de ansiedad.

VISTE CONFIADAMENTE

El cuidado de ti mismo será uno de los componentes importantes de lidiar con la ansiedad. No te preocupes por tu apariencia por el hecho de que la sociedad asume que debes hacerlo, sino porque te hace sentir mejor. Si te gusta la pedicura, entonces realízate una. Si te gusta usar blusas holgadas, entonces compra un par con las que te veas genial. Esto puede ser un excelente mecanismo de reconocimiento, también elevará tu autoestima, lo cuál te ayudará a mejorar tu diaria actitud.

Toma descansos frecuentes del trabajo

La vida es inherentemente estresante: solemos tener horarios sobrecargados sin paga por los tiempos extra, y mucha gente se encuentra bajo presión constante por el temor a perder su empleo. Por ello es tan importante tomar vacaciones regularmente: este tiempo apartado puede ayudar a aminorar el estrés y salir por un tiempo de situaciones que son, de por sí, estresantes, disminuyendo las probabilidades de sufrir un ataque de ansiedad

Consume agua de coco, sandia, plátano y multivitamínicos

¿Recuerdas cuando hablamos de esas vitaminas que han probado ser de gran ayuda para quienes enfrentan desordenes de ansiedad? Es imperativo asegurarte de incluirlas en tu dieta. Los plátanos en particular actúan como un excelente beta bloqueador, que es una medicación común prescrita por los médicos para tratar la ansiedad. La sandía tiene una de las más altas concentraciones de vitamina B6, más que ninguna otra fruta o verdura en el mercado. Esta es una de las más importantes vitaminas para ayudar en la producción de la química cerebral que regula el pánico y la ansiedad. Entonces, tenemos el agua de coco, está llena de vitaminas y minerales que no solo ayudan a regular los químicos en el cerebro que promueven la ansiedad, sino también ayudan a disminuir las posibilidades de padecer depresión en los que enfrentan cualquier desorden de ansiedad. Asegúrate de incluirlos todos en tu dieta.

Evita las situaciones complejas hasta que desarrolles tu confianza

Usa las tácticas descritas arriba para ayudarte a volver a situaciones sociales (por ejemplo, tu regreso paulatino al supermercado) si tienes fobias particulares, puedes buscar tratamiento de inmersión para ayudarte a combatirlas.

Ten a alguien con quién hablar

Ten siempre un amigo cercano o un familiar con quien puedas hablar acerca de lo que estas enfrentando. Saber que tú también puedes necesitar ayuda, y que haya alguien para ayudarte, puede ser un alivio enorme para tu situación mental.

Toma caminatas frecuentes

Toma caminatas de 10 minutos todos los días para alimentarte de las vistas, aromas y sonidos. Esto no solo funciona como una excelente táctica de distracción, sino que también te ayudará a una paulatina re inmersión al mundo cuando te has apartado drásticamente a causa de tu desorden de ansiedad.

Medita para encontrar la paz interior

Medita de 10 a 15 minutos al día. Esto puede aclarar bloqueos mentales importantes y ayudarte a estar más a tono con tu disposición interior, lo que puede ayudarte a aliviar las nubes de la ansiedad auto inducida.

¡consigue un nuevo trabajo!

Si parte de tu ansiedad e infelicidad es causada por tu trabajo, entonces comienza a buscar uno nuevo. Publica tu curriculum vitae en sitios como boomerang o computrabajos y ábrete a las nuevas oportunidades que puedas encontrar. Algunas veces un cambio en la carrera personal puede aliviar una gran cantidad de estrés. Si no se abren nuevas puertas, siempre es una opción volver a la escuela.

Ve videos de psicología positiva.

Canales de youtube como bucay oficial (del escritor español jorge bucay), secretos de la vida y la voz de tu alma suelen publicar videos de increíble motivación enfocada a motivar a la mente a lograr lo que cree que no puede lograr. Ver este tipo de videos es una excelente forma de elevar tu disposición sin agotar a tu cerebro leyendo textos sin sentido.

Rodeate de gente positiva

La gente de la que te rodeas siempre te afectará en alguna medida. Si te mantienes rodeado de personas positivas, te afectarán de manera positiva.

Si sigues cada una de los consejos señalados arriba, estarás en excelente camino para manejar la ansiedad por ti mismo. Contrario a la creencia popular, la ansiedad es manejable y en algunos casos, puede ser curada por completo. Por ello es imperativo asegurarse de que dichos consejos sean acompañados de toda tu habilidad: mientras más puedas hacer por ti mismo, menos dependerás de fuerzas externas para apoyarte. Esto no solo mejorará tu autoestima, sino que aumentará la confianza en que eres capaz de vivir la vida como tú lo elijas.

Es importante que entiendas a lo largo de este viaje que la T.A.G. no es una prisión.

Capítulo Cuatro

El S.A.G. no es una prisión

Lo que debes entender es que no estás solo. El desorden de ansiedad afecta al 19% de los adultos solamente en los Estados Unidos, en donde hay en la actualidad alrededor de 40 millones de adultos entre los 18 y los 54 años. Pero la aterradora estadística es que 30% de la población mundial sufre de algún tipo de ansiedad no diagnosticada. Todos estos adultos no están buscando tratamiento, no intentan buscar técnicas para lidiar con ella, y no están bajo el cuidado de algún médico que les ayude a navegar este viaje tenebroso. Y aún dentro del 19% de adultos que si busca un tratamiento, solo el 10% será tratado correctamente.

Esto es lo que hace tan importante mantener un diario de tus síntomas y disparadores, y siempre hacer preguntas. Las personas confían en que los médicos siempre buscarán nuestro bien, pero ellos solo pueden trabajar con la información que nosotros les proporcionemos.

Un factor muy importante que los médicos y psicólogos buscarán será saber si una persona es feliz con su trabajo. ¿Por qué? Porque un altísimo 41% de adultos alrededor del mundo proclaman que la mayor parte de su ansiedad viene de su lugar de trabajo. El ser infeliz con la elección de carrera que uno ha hecho, solo pueden hacer que el cuerpo cobre factura.

Los desórdenes de ansiedad y especialmente el T.A.G. son el tipo más común de enfermedad en los Estados Unidos. Son altamente tratables y muy manejables, y aquellos que buscan tratamiento y siguen lo que sus médicos les indican van a la cabeza en cuanto a mejorar el estilo de vida. Desafortunadamente, solo el 30% de personas que padecen desórdenes de ansiedad y pánico inducidos reciben el tratamiento adecuado.

Y no solo eso; cerca del 50% de los que son diagnosticados con desorden de ansiedad son también clínicamente diagnosticados con depresión. Es muy común que ambos vayan de la mano, al igual que algunos tratamientos médicos. Los consejos enlistados arriba son formas en las que el individuo puede manejar apropiadamente sus estados de ansiedad y preocupación de una manera saludable sin ponerte en riesgo de desarrollar adicción a los medicamentos o de recibir un tratamiento inadecuado. Siempre debes buscar la ayuda de un médico e informarle los tratamientos de apoyo que estas intentando. Pero si tu médico no apoya la ruta que has elegido seguir, entonces no temas buscar una segunda opinión.

A fin de cuentas es tu vida. Tomar el control de tu tratamiento médico te permite encontrar maneras de manejar el T.A.G. a largo plazo, al igual que cualquier otro diagnóstico que resulte como consecuencia de lidiar con pánico y ansiedad. Es importante reiterar dos cosas específicas: 1.- no estás solo y 2.- la ansiedad es manejable. Es posible vivir una vida maravillosa, social y plena después de ser diagnosticado con trastorno de ansiedad, y si todos los disparadores son enfrentados, y aprendes a lidiar con ellos, es posible controlar del todo el trastorno de ansiedad.

Estas estadísticas son muy sorprendentes, sobre todo tomando en cuenta el número de personas que viven con algún desorden de ansiedad sin diagnosticar. Y ya que la inmersión en la tecnología y los sonidos distractores se hacen parte esencial de nuestras vidas, nuestro enfoque siempre está brincando de una tarea a otra, al escuchar un sonido particular. No solo eso, con la conexión que nos permite la tecnología, esto solo produce que los adictos al trabajo lleven mucho de su trabajo a casa, lo que significa traer el estrés de la oficina con ellos. La mente es un mecanismo poderoso, con la velocidad de un reloj de 200 disparos por segundo. Esto significa que el cerebro humano promedio inicia procesos que nos permiten interpretar o retener información 200 veces cada segundo.

Eso hace un promedio de 1 millón de inicios por día. Ello significa que el cerebro puede crear asociaciones entre el mundo físico y el mundo emocional increíblemente rápido. La gente que trae su trabajo a casa, y todo el estrés que viene con ello, pronto se encontrarán ansiosos por el tema en sus camas aun cuando han terminado el trabajo por ese día. ¿Por qué? Porque su cerebro habrá usado un poco de esos 17 millones de computaciones para relacionar el estrés y las emociones negativas con un objeto físico que rutinariamente utiliza en casa. Esto puede llegar a ser muy peligroso para los que enfrentan desórdenes de ansiedad, y es otra razón por las que el porcentaje de adultos diagnosticados con T.A.G está en aumento.

A pesar de que la tecnología ha simplificado nuestras vidas, también las ha llenado de mayor estrés. Lo que abre la puerta a la ansiedad.

Lo admito, te hemos lanzado mucha información en este libro. Por ello encontrarás más abajo una página imprimible que incluye un resumen de lo que te hemos dado hasta ahora. Si lo deseas, la puedes imprimir y pegarla en el espejo del baño, llevarla en tu portafolio de trabajo o ponerla en el refrigerador para recordar las cosas que requieres hacer. Desde lo que necesitas para cada cita médica, hasta consejos para mantener la ansiedad a raya, estos puntos te ayudarán en tu jornada para lidiar sanamente con tu ansiedad y, esperamos, eliminarla por completo.

Si has leído todo el libro, estoy orgulloso de ti. El solo leer este material significa que te has dado cuenta de que algo no está bien, y buscas responder tus dudas. Tomar este pequeño paso te asegura que estas en el camino correcto para una completa recuperación, y requiere de mucho coraje y fortaleza.

Aún existen muchas personas con pensamientos y sentimientos de ansiedad que aún no han comprado esta guía. Muchas personas que sufren de ansiedad o pánico se alejan de la clase de cosas que les pueden beneficiar, por la incertidumbre que conlleva. Por favor, si esta guía te ha ayudado en algún modo, compártela. Cuéntale a aquellos que lo requieren cómo te ayudó e invítalos a buscar el conocimiento y educación que requieren dentro de esta guía. Ayúdales a tomar la misma valiente decisión que tú tomaste y que puede cambiar sus vidas.

Tanto yo, como la persona a quien tu testimonio pueda ayudar te estaremos siempre agradecidos.

GUIA RÁPIDA PARA LIBERAR LA ANSIEDAD

Imprime esta página y mantenla donde puedas verla fácilmente. Este resumen te ayudará con todo lo que requieres para manejar tus citas médicas hasta señalar los consejos que puedes implementar por ti mismo para manejar la ansiedad desde casa.

PARA TUS CITAS MÉDICAS RECUERDA SIEMPRE TENER:

- Tu diario actualizado con tus disparadores y síntomas.
- Cualquier pregunta que quieras hacer al médico.

UTILIZA ESTOS CONSEJOS PARA CONTROLAR TUS EPISODIOS DE ANSIEDAD:

- Enfócate en ti y no en tus pensamientos.
- Celebra cada pequeña victoria.
- Siempre participa en actividades llenas de humor.
- Mantén una dieta saludable.
- Incluye siempre en tu dieta

multivitamínicos, bananas, sandia y agua de coco.

- Bebe al menos 1.5 litros de agua al día.
- Sal de casa y ofrece un servicio voluntario para alguna causa de tu interés.
- Que tu descanso nocturno sea suficiente
- No temas invertir en ti mismo y viste como te gusta.
- Toma vacaciones y descanso del trabajo regularmente para hacer algo que ames sin el peso del trabajo sobre ti.
- No te pongas en situaciones estresantes antes de que te sientas listo. Es mejor introducirte a ellas lentamente.
- Toma una caminata diaria de 10 minutos mientras respiras profundamente y tomas aire fresco.
- Medita de 10 a 15 minutos diarios en un espacio que te haga sentir bien.
- Si tu trabajo te produce ansiedad, toma medidas para buscar nuevas oportunidades.
- Mira un video de psicología positiva

cada día para ayudarte a liberar tu mente de pensamientos ansiosos y reemplazarlos por algo bueno en que pensar.

- Rodéate de personas felices y positivas.

Parte 2

Introducción

La ansiedad es una emoción común. Cualquier persona puede sentir ansiedad, especialmente cuando se está expuesto a una situación estresante. Sin embargo, para algunas personas la ansiedad está categorizada como un trastorno. Una persona normal reaccionará ante una situación de estrés en base a su capacidad personal de soportar presiones. Una persona con trastorno de ansiedad tendrá que lidiar con ello de forma diferente.

Una persona con trastorno de ansiedad sufre una enfermedad mental. Los trastornos de ansiedad pueden agobiar a la gente, dificultándoles vivir con normalidad. Pueden ocurrir en diferentes grados pero, ya sea en mayor o menor grado, el trastorno limitará a la persona afectada. Cause miedo, aprehensión, preocupaciones y nerviosismo, y a menudo puede impactar seriamente en la vida diaria de la persona.

En América, 19 millones de adultos sufren de ansiedad, mayormente son hombres. Muchos de estos casos comienzan pronto en la infancia, en la adolescencia o en los principios de etapa adulta, y pueden avanzar con la edad de la persona.

Tipos de trastorno de ansiedad

Hay diferentes tipos de trastornos de ansiedad. Cada uno de estos tipos se identifica con unos síntomas, diagnósticos y tratamientos. Si tu o algún conocido tuyo sufre de trastorno de ansiedad, es importante que sepas identificar el problema en concreto. Solo entonces podrás empezar a gestionar la enfermedad.

I. Trastorno de Ansiedad Generalizada (TAG)

El tipo de trastorno de ansiedad más

común es el TAG. Es un trastorno crónico que involucra una preocupaciónexcesiva y constante sobre cualquier situación. Es una afección a largo plazo. Las personas con trastorno de ansiedad se preocupan o tienen miedo de prácticamente todo, principalmente en temas familiares, de salud, dinero, trabajo o educación. Para la gente que lo ve desde fuera, sus miedos son irreales, a menudo desproporcionados, pero la persona afectada los considera graves y se los toma en serio.

En el Reino Unido, cerca de 1 de cada 25 personas sufre TAG. En Estados Unidos, unos 6,8 millones de personas, 3,1% de la población total, sufre TAG cada año. Esta enfermedad se desarrolla gradualmente desde la infancia hasta la mediana edad y puede empeorar en mujeres de edades comprendidas entre los 35 y 55 años.

Síntomas:
Mareo
Boca reseca

Problemas de sueño
Sudor en exceso
Fatiga o cansancio
Molestias gastrointestinales o diarrea
Falta de concentración
Irritabilidad o inquietud
Incapacidad para controlar la ansiedad o las preocupaciones
Insomnio
Palpitaciones (latido del corazón rápido e irregular)
Tensión y dolor muscular
Cuadros de ansiedad y preocupación prolongada de un periodo de 6 meses o más
Paranoia y sensación de estar al límite
Dolor de estómago
Temblores (con pinchazos y hormigueos)

Si el afectado muestra tres o más de estos síntomas durante un periodo de tiempo prolongado, puede que sufra TAG. Debido a sus emociones, cualquier afectado se sentirá obligado a evitar el contacto con otras personas. Sin embargo, merece la pena mencionar que si los síntomas son moderados, un paciente puede ser capaz de continuar viviendo con normalidad. Pueden llevar una vida social e incluso encontrar un puesto de trabajo estable siempre y cuando sean capaces de comprender su situación.

II. Trastorno Obsesivo Compulsivo (TOC)

Los pacientes con Trastorno Obsesivo Compulsivo (TOC) están agobiados por una compulsión anormal que les fuerza a realizar rituales o rutinas. Están controlados por sus obsesiones o hábitos compulsivos y efectúan ciertas actividades para satisfacer estas necesidades.
 Una persona con TOC es normalmente consciente de que sus costumbres compulsivas son irrazonables e irracionales y el hecho de llevar a cabo sus rutinas es para aliviar su ansiedad. Creen en la importancia de sus actos, por lo que siguen realizándolos.

Riesgos:

1. Si un TOCno se trata y se permite que evolucione y avance, puede afectar en la vida diaria de la persona para desarrollar sus funciones con normalidad. Puede interferir con su trabajo, el colegio y todo tipo de actividades sociales.

2. Si un niño desarrolla TOC, puede que no sea consciente de que esas costumbres u obsesiones compulsivas son extremas. Una persona tendrá que advertirlo desde fuera y corregirlo porque un niño no será capaz de saber cómo sobrellevar este trastorno.

Síntomas:

OBSESIONES: Estas obsesiones envuelven un número de elementos, incluyendo la necesidad excesiva de ver las cosas ordenadas perfectamente o simétricamente, el miedo a los actos impulsivos que puedan destruir esa armonía y hacer daño a la persona, el miedo a hacer daño a otra persona ya sea intencionada o accidentalmente, el sentirse responsable de la seguridad de otros, la preocupación constante e irracional por la suciedad, gérmenes o contaminación, así como el dudar demasiado de manera irracional.

HÁBITOS COMPULSIVOS:una persona afectada normalmente va a llevar a cabo todo tipo de hábitos compulsivos que de otro modo serían considerados como actividades cotidianas, pero que en este caso reflejan este trastorno por la forma y la frecuencia en la que se realizan. Algunos hábitos compulsivos serían por ejemplo el lavarse las manos; limpiar objetos en casa un número específico de veces o por un periodo de tiempo excesivo; chequear y revisar objetos tales como relojes, interruptores o botones; repetir un nombre, una frase o palabra una y otra vez sin ningún motivo; apegarse a objetos que no tienen ninguna utilizad como gomas, revistas, periódicos, etc. y la repetición de una serie de rituales mentales.

Una persona con trastorno de pánico va a experimentar un terror inmediato y repetitivo sin razón alguna. El pánico angustiará fácilmente a esta persona, la cual perderá el control, haciendo pasar una emoción de nivel moderado a nivel de peligro. Para una persona que sufre un trastorno de pánico, cualquier estimulo puede ocasionarle temblores, confusión, náuseas y mareos. El afectado se angustiará con el estímulo y entrará en un ataque de pánico.

Debida a la naturaleza de la reacción de cada persona, esta afección puede ser potencialmente mortal ya que los ataques de pánico pueden ser demasiado fuertes para ser soportados.

Síntomas:

Dolor de pecho
Mareos y aturdimiento
Necesidad de escapar

Miedo a perder el control y volverse loco
Palpitaciones en el corazón
Sensación de estar en un grave peligro
Falta de respiración (y sensación de estar sofocado)
Sudores (sudores fríos)
Sensación de ahogo
Palpitaciones (latido del corazón rápido e irregular)
Temblores y escalofríos

Cómo gestionarlo

La mejor manera de gestionar un ataque de pánico a nivel personal es siguiendo los siguientes pasos (tanto en solitario como con la ayuda de otra persona):

Paso 1: Ejercitala habilidad para calmarte. Hay un número de cosas que pueden ayudar a calmarte o mantenerte relajado durante un ataque. Entre ellas se encuentra la respiración, el hablar con alguien, hablar con uno mismo, etc.

Paso 2: Practica la recreación de los síntomas. Esto requiere que trates de recrear tus propios síntomas tal y como los recuerdas y los entiendes. Te pondrás en situación para poder practicar cómo controlarlos.

Paso 3: Haz una lista y puntúa las situaciones que te dan miedo. Hacer un listado de tus miedos no solo te acercará a tu trastornó sino que también te ayudará a anticiparte mejor al problema. Cuando conoces los detonantes, puedes bien evitarlos o bien prepararte para afrontarlos.

Paso 4: Identificar los detalles de las situaciones de miedo. Ayudará a identificar mejor los síntomas que están relacionados con tus miedos. No te limites a reconocer tus miedos, mejor examínalos en detalle para conocerlos en profundidad y entender tu afección.

Paso 5: Aprende de la práctica. Una vez que has pasado por el periodo de preparación, ahora deberías practicar cómo controlar tus ataques. La próxima vez que tengas un episodio, intenta aplicar lo que has aprendido. Puede que no salga bien a la primera pero habrás mejorado la forma de sobrellevar este tipo de situaciones.

Se estima que unos 6 millones de personas en América sufren trastornos de pánico cada año. Es algo que a menudo ocurre durante la temprana madurez y que es más común en mujeres que en hombres. Como se mencionó con anterioridad, algunos episodios de ataques pueden ser considerados un peligro para la vida. Esto hace que la detección temprana del problema sea crucial y destaca la importancia de estar informado de los síntomas.

IV. Trastorno de Estrés Postraumático (TEPT)

Un paciente que sufre Trastorno de Estrés Postraumático (TEPT) es alguien que se angustia con experiencias traumáticas del pasado. Podrían ser un desastre natural, una muerte o un ataque físico. Si el trauma es de gran magnitud, la persona podría ser incapaz de recuperarse. A menudo bombardeados con recuerdos de esas traumáticas experiencias, viven bajo la amenaza de estos recuerdos.

Síntomas:

Pesadillas o escenas retrospectivas sobre experiencias traumáticas pasadas
Dificultad de concentración
Dificultad para dormir
Cuidado extremo o estar demasiado alerta de lo que sucede alrededor
Irritabilidad
Reducido interés en el futuro
Evitar gente, cosas y lugares relacionados con la experiencia traumática

Unos 7,7 millones de americanos padecen el TEPT. El trastorno de estrés postraumático es más común en mujeres. Es normalmente más observado en personas mayores de 18 años, pero también lo pueden desarrollar niños. A menudo está relacionado con otros trastornos de ansiedad, depresión y abuso substancial. Cerca del 60% de las personas afectadas son víctimas de un tipo de trauma relacionado con la violencia de masas o con desastres naturales.

Tratamiento

A continuación se muestran algunos de los métodos empleados para tratar el TEPT:

1. Terapia de exposición: consiste en que el paciente se enfrente a sus miedos cara a cara. El terapeuta puede hacer que el paciente enfrente sus miedos bien mediante la escritura, imágenes mentales o exposición real.

2. Reestructuración cognitiva: si el TEPT se desarrolla debido a que la persona recuerda una versión errónea de la experiencia, el objetivo del tratamiento será cambiar ese recuerdo para que no siga causando problemas al paciente.

3. Inoculación de estrés: este tipo de terapia está diseñada para reducir los síntomas lidiando con la ansiedad.

4. Realidad virtual: en este tipo de tratamiento se construye un medio ambiente virtual para recrear la escena original y se expone al paciente a la experiencia traumática, siempre bajo control del terapeuta.

V. Trastorno de Ansiedad Social (TAS)

Es una fobia social que implica a una persona excesivamente insegura de si misma y preocupada sobre situaciones sociales, no importe lo insignificantes que sean. Normalmente una persona que sufre de TAS tiene miedo a ser juzgada. Se preocupan de hacer algo que pueda llamar la atención de la gente y de convertirse en la vergüenza y las risas de todo el mundo.

A veces está relacionado con la vergüenza

en público y puede asociarse al miedo a la intimidad o al miedo a la humillación.

Síntomas

Algunas personas tienen fobias específicas. Sufren miedo a la altura, a volar, a las serpientes, a los espacios cerrados, a las arañas y a otras muchas cosas que para otras son triviales. Sus miedos son irracionales y normalmente no producen miedo en otras personas, pero la persona afectada los percibe con mucha gravedad.

Las fobias son diferentes a los trastornos de ansiedad generales porque la persona que tiene una fobia, solo lo tiene hace algo en concreto. Las fobias pueden estar asociadas a situaciones, objetos o animales.

Diferentes fobias:

Aracnofobia: miedo a las arañas
Acrofobia: miedo a las alturas
Agorafobia: miedo a los espacios abiertos
Bibliofobia: miedo a los libros
Cibofobia: miedo a la comida
Climacofobia: miedo a subir o bajar escaleras
Claustrofobia: miedo a los espacios cerrados
Dentofobia: miedo al dentista
Emetofobia: miedo a vomitar
Glosofobia: miedo a hablar en publico
Herpetofobia: miedo a los reptiles
Hipochondría: miedo a las enfermedades
Iatrofobia: miedo a los médicos
Cleptofobia: miedo a los ladrones
Misofobia: miedo a los gérmenes
Megalofobia: miedo a las cosas grandes
Nictofobia: miedo a la oscuridad
Ofidofobia: miedo a las serpientes
Ornitofobia: miedo a los pájaros
Pediofobia: miedo a las muñecas
Fobia social: miedo a la gente
Miedo escénico: miedo a actuar en público

Trianofobia: miedo a las agujas

Los ejemplos que hemos dado son tan solo algunas de las fobias más conocidas. Existen muchas más fobias ya que hay innumerables tipos de cosas que pueden dar miedo a la gente (y en algunos casos, los miedos son reales e incontrolables).

VII. Trastorno de Ansiedad por Separación

Una persona con Trastorno de ansiedad por separación es alguien que sufre un exceso de ansiedad cuando es separada de un lugar o de una persona. El afectado ve usurpado su confort, su seguridad y se siente desprotegido y con mucha ansiedad.

.

Síntomas Generales de los Trastornos de Ansiedad

A continuación, mostramos los síntomas generales de los trastornos de ansiedad. No todos los tipos de ansiedad tienen los mismos síntomas. Algunos van acompañados de todos los síntomas, mientras que otros puede que solo muestren unos pocos (a menudo en diferentes grados):

Dolor de espalda
Sensación de miedo constante, pánico e inquietud
Malestar estomacal
Dolor de pecho
Asfixia constante
Diarrea
Mareos
Boca seca o xerostomía
Facilidad para sobresaltarse o sorprenderse
Fatiga, apatía y agotamiento
Flashbacks de experiencias traumáticas
Micción frecuente

Dolor de cabeza
Palpitaciones en el corazón
Insomnio
Irritabilidad
Falta de concentración
Tensión muscular
Pesadillas
Entumecimiento
Pensamientos obsesivos
Palpitaciones
Inquietud o incapacidad para permanecer tranquilo
Comportamientos ritualistas
Falta de aliento
Sudoración o enrojecimientos
Hormigueo y entumecimiento de pies y manos
Temblores

Si se observa alguno de estos síntomas con frecuencia e intensidad, lo mejor sería diagnosticar y gestionar la afección. La ansiedad puede ser algo insignificante pero, cuando avanza de forma negativa, puede llegar a ser muy perjudicial. Es importante buscar el tratamiento apropiado, tanto para el afectado como para la gente que le rodea.

Causas de los Trastornos de Ansiedad

Mientras desconozcamos la causa de un trastorno de ansiedad, éste puede ser tratado como cualquier otra enfermedad mental.

-Como enfermedad mental, puede estar asociada a un carácter anormal, a una debilidad personal o a una educación deficiente. La falta de valores en una persona, puede afectar el desarrollo de estos trastornos.

- El desequilibrio cerebral ocasionado por carencia de ciertas sustancias químicas y hormonas puede también provocar un desequilibrio mental y un trastorno. El cuerpo necesita algunas sustancias químicas para funcionar eficientemente y, en su ausencia, se pueden desarrollar trastornos.

-Las disfunciones cerebrales relacionadascon alteraciones en los circuitos que gestionan las emociones y el miedo, en ocasiones puedenprovocar trastornos de ansiedad. Cuando en una persona hay una disfunción en la capacidad para controlar sus emociones, se desarrollan trastornos de ansiedad. A menudo está relacionado con la presencia de estrés severo por un periodo prolongado de tiempo. El estrés altera el estado de los nervios y ocasiona una disfunción en los circuitos. Además, la causa podría ser también la disfunción de los neurotransmisores cerebrales. Cuando hay una disfunción en la comunicación interna cerebral, pueden llegar síntomas de ansiedad.

- La genética siempre ha sido un factor significativo en lo relativo a trastornos mentales. Es importante remarcar que muchos de los casos de trastorno de ansiedad pasan en la familia de una generación a otra, y puede ser por el hecho de ser heredados.

- El estrés medioambiental también puede ocasionar el desarrollo de un trastorno de ansiedad. Aquí el problema será un desencadenante externo: una experiencia o afección demasiado intensa como para ser controlada. Un ejemplo de estos factores sería: el estrés de las relaciones sentimentales (amigos, matrimonio o divorcio), trabajo o colegio, motivos económicos, desastres naturales, falta de oxígeno, e incluso experiencias traumáticas.

- En ocasiones, las enfermedades pueden ser la causa de la ansiedad. Una persona con asma, anemia, problemas de corazón o con una infección, puede presentar síntomas similares a los del trastorno de ansiedad debido al estrés de su estado de salud. Los trastornos de ansiedad ocasionados por factores médicos pueden deberse a los efectos secundarios de la medicación, a la falta de oxígeno y al abuso de ciertas sustancias. La intoxicación y prescripción de medicamentos puede causar ansiedad.

Aunque necesariamente no sea la causa, a menudo el estrés es considerado un desencadenante importante en estos trastornos. El estrés es algo normal en nuestras vidas pero, cuando acontece de forma intensa, puede superarnos.

Diagnóstico de Trastorno de Ansiedad

Cuando una persona va o se piensa que va al médico por un trastorno de ansiedad, se debe tratar al paciente desde el primer momento en el que entra en la consulta:

Fase 1: Entrevista:es crucial, especialmente en el diagnóstico y tratamiento de un trastorno mental. Para identificar los síntomas y el calibre de la gravedad, el médico llevará a cabo una serie de preguntas diseñadas para evaluar al paciente. Durante la sesión, la familia y el historial médico también se tendrán en cuenta para determinar cualquier correlación con el problema en cuestión.

Fase 2: Examen físico:algunos trastornos de ansiedad pueden estar relacionados con algún problema odiscapacidad física, por lo que posiblemente se deban realizar varias pruebas en busca de evidencias definitivas. Si se descubre una enfermedad física, se deberá aplicar el tratamiento apropiado para gestionarla.

Fase 3: Asesoramiento psiquiátrico: Si las pruebas realizadas no han revelado ninguna enfermedad física, el siguiente paso es dirigir al paciente al psiquiatra, al psicólogo o a cualquier profesional especializado en salud mental. El especialista conducirá una serie de entrevistas y evaluará al paciente para que su afección sea identificada.

Durante la evaluación, el especialista realizará un diagnóstico final basado en los síntomas reportados. Normalmente, su grado estará clasificado en base a la intensidad y duración de los síntomas. También estará basado en la evaluación del especialista sobre el conjunto de comportamientos y actitudes del paciente.

Tratamiento y Gestión de Trastornos de Ansiedad

Las enfermedades mentales solían ser complicadas, pero enlos últimos años se han visto muchos avances en lo referente al tratamiento y gestión de estas afecciones. Al comienzo de este libro, se habló de los tratamientos específicos para cada afección con detalle. En esta sección vamos a explicar las diferentes categorías que tienen los tratamientos:

1. Medicación: Se puede utilizar medicación para tratar trastornos de ansiedad. Este tipo de tratamientos pueden usar medicamentos diferentes dependiendo de la afección en cuestión:

- Si la ansiedad está ocasionada por un problema físico, la medicación estará orientada a tratar esta enfermedad en concreto. Puede que también se requieran intervenciones quirúrgicas.

- Los antidepresivos, los tricíclicos, las

benzodiacepinas y los betabloqueantespueden controlar los síntomas de ansiedad ya sean físicos o mentales. Cuando es ocurrente y el paciente es incapaz de controlarlo, los medicamentos pueden ayudar.

a. Benzodiazepinas: Esta medicación es efectiva pero también es bastante adictiva y puede causar somnolencia. También hay que anotar que en un paciente geriátrico, las benzodiacepinas pueden incrementar el riesgo de desarrollar demencia. Bajo esta clasificación se encuentra el Diazepan (Valium), el Lorazepam (Ativan), el Alprazolam (Xanax) yel Clonazepam (Klonopin).

b. Tricíclicos: Más antiguos que los inhibidores selectivos de la re-captación de la serotonina (SSRIs), son efectivos para tratar trastornos de ansiedad pero pueden ocasionar sequedad de boca, somnolencia y subida de peso. Bajo esta clasificación se encuentra la Imipramina (Tofranil) y la Clomipramina (Anafranil).

c. Antidepresivos: Los antidepresivos de clase SSRI se usan para los trastornos de ansiedad. Tienen pocos efectos secundarios en comparación con otros medicamentos, aun así pueden ocasionar impotencia sexual, náuseas y nervios. Bajo esta clasificación se encuentra la Sertralina (Zoloft), el Escitalopram (Lexapro), la Paroxetina (Paxil), la Venlafaxina (Effexor), la Fluoxetina (Prozac) y el Citalopram (Celexa).

A parte de estas tres categorías, hay otros medicamentos que se usan para los trastornos de ansiedad como son los betabloqueantes.

2. Terapia Cognitivo Conductual: En TCC, el especialista trata el trastorno de ansiedad reconociendo y alterando los patrones de pensamiento del paciente, de modo que deje de ser víctima de su ansiedad.

Tiene dos fases: la fase cognitiva, que ayuda a limitar la capacidad del paciente para distorsionar los pensamientos; y la fase conductual, que trata la forma en que el paciente reacciona ante diferentes situaciones, objetos o personas. Es un tratamiento bifásico que, si funciona bien, puede enseñar a la persona a reaccionar de forma natural ante cualquier estímulo. Es un tipo de tratamiento cuyaorientación depende del tipo de trastorno. Expone los desencadenantes para que el paciente pueda enfrentarse a ellos por sí mismo.

Algunas orientaciones del TCC dependiendo del tipo de trastorno de ansiedad:

- En los pacientes que sufren ataques de pánico, se verificaráque es ataque de pánico y no un ataque al corazón.

- A los pacientes con estrés postraumático, se les hará recordar la experiencia traumática desde el confort para que puedan aprender a distanciarse de los sucesos pasados.

- Los pacientes obseso compulsivos con la limpieza serán forzados a ensuciarse por un periodo de tiempo prolongado.

3. Psicoterapia: En psicoterapia, se asesora al paciente para que explore las raíces de la causa de la ansiedad y las experiencias que las acompañan. Estas sesiones están conducidas por un especialista, ya sea un psicólogo, un psiquiatra o un trabajador social.

Algunas personas prefieren la terapia de grupo a la individual. Las terapias de grupo pueden resultar menos invasivas para algunos pacientes ya que no se verán como el centro de atención. Cuando se va en grupo, es más fácil aceptar la afección, puesto que se ve que no es un caso aislado. Además, en grupo los pacientes pueden ayudarse los unos a los otros: pueden hacer el seguimiento de los progresos de los compañeros o de su disciplina en el cumplimiento de las reglas.

4. Terapia de relajación: La terapia de

relajación o relajación aplicada es otro tratamiento psicológico usado por especialistas en trastornos de ansiedad. Este tratamiento enseña a los pacientes a relajar sus músculos, especialmente cuando están en "situación". La terapia de relajación se lleva a cabo por un especialista y las sesiones son normalmente de una hora a la semana durante tres o cuatro meses.

5. Esfuerzo personal: A veces una persona puede encontrar una solución completa o temporal a su problema sin necesitar acudir a un experto. Auto tratarse no es siempre lo más normal, pero le ha funcionado a mucha gente. Para aliviar los síntomas y estrés general, puedes seguir estos pasos:

- Evitar el estrés: Tienes que distanciarte de cualquier cosa que suponga una presión porque puede actuar como desencadenante de tu ansiedad. Intenta descansar lo suficiente, especialmente después de un día largo, y evita acumular trabajo tanto como puedas ya que puede impedir que te relajes y puede acarrear estrés.

- Aprende a meditar: La meditación es un verdadero arte y, si te animas a aprenderlo por tu cuenta, puedes leer libros o buscar sitios en internet que puedan ayudarte a meterte en el tema. El Yoga incorpora meditación, por lo que pues seguir algunos videos y dedicar tiempo suficiente a la meditación para reducir tus niveles de ansiedad.

- Realizar respiración abdominal regularmente: Los ejercicios de respiración son buenos para la gente que sufre trastornos de ansiedad ya que les tranquiliza en situaciones estresantes. La respiración abdominal implica respirar despacio y profundamente, asegurando traer suficiente aire a la zona del abdomen y expulsándolo progresivamente por la boca. Hay que tener en cuenta que respirar en profundidad puede ocasionar un exceso de oxígeno y, por lo tanto, mareos.

- Práctica del pensamiento positivo: Muchas de las personas que sufren trastornos de ansiedad tienen problemas de confianza en sí mismos o de auto estima. Se preocupan y se molestan constantemente y, para salir de este patrón de comportamiento, hay que evitar la negatividad y centrarse en aspectos positivos que puedan ser beneficiosos.

- Confianza en alguien: A veces no es tanto el hecho de buscar una persona que pueda corregir el problema sino el de encontrar alguien con quien hablar. Expresar y exponer las emociones ayuda a que la persona se desahogue. El poder hablar con alguien que sirva de apoyo hará que la persona deje de sentirse sola, atacada, ridiculizada o en problemas.

- Ejercicio: Hacer ejercicio no es solo beneficioso para alcanzar un buen estado físico sino que también es valioso al liberar endorfinas que a su vez liberan neurotransmisores que ayudan a reducir el estrés y la ansiedad de forma natural.

Hay que entender que el éxito del tratamiento va a depender de la diagnosis del tipo específico de trastorno de ansiedad. Hay diferentes tipos de trastornos que se manifiestan de formas distintas. Es importante que sean diagnosticados apropiadamente para poder aplicar el tratamiento correcto. Dependiendo de las necesidades de cada caso, podría recomendarse una combinación de los métodos descritos.

En el caso de un trastorno de ansiedad asociado a depresión, alcoholismo u otra afección, es necesario resolver éstos problemas antes de abordar los trastornos de ansiedad. Hay que deshacerse de estos problemas antes ya que podrían dificultar el tratamiento.

Prevención de Trastornos de Ansiedad

Hay que entender que aunque no se puede prevenir el desarrollo de los trastornos de ansiedad con precisión, sí que se pueden tomar medidas para reducir o controlar los síntomas.

Alimentación y bebidas: Ciertamente hay algunos alimentos y bebidas que no deberías consumir tanto si padeces de trastornos de ansiedad. Hay que suprimir o evitar sustancias con cafeína como el chocolate, bebidas energéticas, te, coca cola y café. Estas sustancias pueden tener un efecto en tu cuerpo que desencadene los síntomas por lo que será más saludable si te mantienes lejos de ellas.

Medicamentos químicos o naturales: Si bien algunos medicamentos de venta libre pueden ayudar a controlar o reducir los síntomas de la ansiedad, hay que entender que algunas sustancias pueden incrementarlos y empeorar la situación de la persona afectada.

Actividades: Hay algunas cosas que puedes hacer para prevenir la aparición y desarrollo de los síntomas. Puedes hacer ejercicio, dormir con regularidad y alejarte de las drogas y el alcohol.

www.ingramcontent.com/pod-product-compliance
Lightning Source LLC
Chambersburg PA
CBHW071241020426
42333CB00015B/1569